DU

DROIT D'ASSOCIATION,

ET DE LA PRÉTENTION

DE L'AUTORITÉ MUNICIPALE

D'APPLIQUER

LES DISPOSITIONS DE L'ARTICLE 291 DU CODE PÉNAL

à certaines Sociétés

EXISTANTES DANS LA VILLE D'AGEN.

Agen,

P. NOUBEL, IMPRIMEUR-LIBRAIRE.

1833.

DU

DROIT D'ASSOCIATION,

ET DE LA PRÉTENTION

DE L'AUTORITÉ MUNICIPALE

D'APPLIQUER LES DISPOSITIONS DE L'ARTICLE 291 DU CODE PÉNAL A CERTAINES SOCIÉTÉS EXISTANT DANS LA VILLE D'AGEN.

---

§ Ier. — *Les faits.*

LA révolution de juillet fut faite pour conquérir d'un seul coup toutes nos libertés. Sa conséquence devait être de les assurer toutes. Liberté individuelle, liberté de la presse, liberté d'association, c'était un cri général, le cri de ralliement de ceux qui avaient fait la révolution et de ceux qui se vantaient de l'avoir faite. Jamais on ne vit tant d'accord, tant d'unanimité dans l'expression des mêmes vœux, des mêmes sentimens.

Mais bientôt des hommes qui gâtent tout ce qu'ils touchent s'emparèrent de cette belle révolution pour la corrompre, pour la dénaturer. Alors vinrent les explications, les modifications, les atténuations, les systèmes des *quasi*, des *parce que*, de *la Charte amendée*, et toutes ces pitoyables misères sous lesquelles, depuis deux ans, on s'efforce d'étouffer notre raison et d'abattre notre courage. M. Guizot, oracle parfois imprudent de son parti, professa devant la Chambre des députés cette doctrine immorale que l'article 291, *quoiqu'abrogé de droit*, devait être laissé dans nos codes, *pour s'en servir au besoin.*

Ce besoin serait-il aujourd'hui venu? Nous devons le croire d'après ce qui se passe dans notre cité. Si les actes dont nous allons rendre compte sont l'œuvre de nos magistrats locaux, comme je n'en doute pas, nous devons essayer de les éclairer sur une erreur funeste; si le coup part de plus haut, comme on affecte de le répandre, le danger n'en est que plus grand; il faut le signaler, le combattre; c'est ce que nous allons faire, voici à quelle occasion :

Il existe dans la ville d'Agen, comme dans toutes les villes de France, des *Cercles* ou *Salons*, où, moyennant une cotisation annuelle, les personnes qui y sont reçues lisent les feuilles publiques et jouissent d'un agréable délassement après le travail des affaires et les fatigues de la journée; cafés et cabinets de lecture tout à la fois, d'où seulement la publicité est bannie, afin que la société en soit toujours composée au gré de ceux qui les fréquentent. Point de discussions politiques, point de discours, point de motions, rien qui rappelle les souvenirs abhorrés des *Clubs*; point de solidarité de parti; chacun dans l'individualité de son opinion; c'est un véritable terrain neutre où amis et ennemis se rencontrent sans se heurter, se mêlent sans se réunir, et se donnent par fois la main le plus cordialement du monde, tout en riant de la distance qui, en politique, les sépare. Du reste, rien d'occulte, point d'affiliations à l'extérieur, point de correspondances; tout au grand jour, sous l'œil de l'autorité qui peut y pénétrer quand il lui plait et comme il lui plait.

Toutes ces sociétés ont des statuts qui règlent

seulement ce qui concerne les admissions, et le maintien de l'ordre dans l'intérieur, car il n'est pas question d'autre chose. Par suite de vieilles habitudes de déférence envers l'autorité, elles ont fait approuver ces réglemens par l'administration municipale.

Ajoutons qu'elles vivaient toutes dans la paix la plus profonde et l'harmonie la plus satisfaisante.

Tout-à-coup M. le Maire d'Agen leur adresse une circulaire. Il demande à chacune d'elles la liste nominative des membres qui la composent. Ceci est grave, quoi qu'on en dise; non pas par rapport au fait en lui-même, car, qui songe, grand Dieu! à se cacher? mais par rapport au principe et à ses conséquences. L'autorité demande des noms; que veut-elle en faire? Elle dissoudra donc une société, si MM. tels et tels en font partie. Elle dira quels sont ceux à qui il est permis d'être ensemble, quels sont ceux qui doivent être séparés; ou bien, elle commentera ces noms, elle fera des triages, des catégories; elle marquera les bons, les mauvais, les douteux, etc., etc.; ou bien elle n'en fera rien du tout, et alors je ne vois pas pourquoi elle les demande. Quoi qu'il en soit, il faut dire nettement la chose : cette étude de noms propres ne vaut rien; elle est odieuse, elle est téméraire, elle est illégale; je dirai plus, elle est absurde, car elle ne peut que nuire à qui s'y livre. Que l'autorité s'attache aux actes, c'est son droit, c'est son devoir; mais qu'elle porte l'activité de sa police sur les personnes, abstraction faite des actes! A quel régime veut-on donc nous ramener?

Là-dessus on s'émeut, on s'agite, on délibère. La Société *des Amis du Roi* et celle *des Amis de l'Ordre* répondent à la demande de M. le Maire par un refus formel. A la Société des Amis du Roi, on vote par acclamation, et la majorité est immense; quelques-uns réclament encore le scrutin secret, et malgré la retraite d'un grand nombre de membres, la majorité, sur 79 présens, est de 51 contre 28. A la Société des Amis de l'Ordre, les formes les plus sévères de la délibération sont observées, et le résultat est le même.

Ces délibérations sont transmises à M. le Maire en termes fort convenables.

« La liste des sociétaires, disent les Amis du Roi, » est affichée dans une des salles de la Société. Cela » suffit pour l'exécution du réglement. Il a paru, » d'ailleurs, à la Société que la mesure dont il s'agit » indiquait de la part de l'Autorité une investigation » qui porterait plutôt sur les personnes que sur les » choses, et elle a dès-lors pensé qu'il était autant » dans son devoir que dans ses justes convenances » de ne pas y accéder volontairement. »

« La liste des membres de la Société, disent de » leur côté les Amis de l'Ordre, est affichée dans la » salle principale de ses réunions. La Société a pensé » que cette publication était suffisante pour mettre » l'autorité à portée d'exercer envers elle une sur- » veillance à laquelle il n'est pas dans son intention » de se soustraire. Elle n'a trouvé dans son réglement » ni dans les lois qui lui sont applicables aucune » disposition qui l'obligeât à vous remettre cette » liste, et elle a décidé en conséquence qu'il ne serait » pas obtempéré à votre demande en cette partie.

» La Société a la confiance que la décision qu'elle a » prise sur ce point ne donnera lieu à aucune inter-

» prétation fâcheuse, et que l'autorité demeurera » convaincue qu'elle n'a été dictée que par le désir » que doivent éprouver tous les bons citoyens de se » tenir constamment dans la ligne de leurs droits » comme de leurs devoirs. Elle saisit cette occasion » pour protester de son respect pour les lois, attesté » par la devise honorable qu'elle a choisie et à la- » quelle elle se montrera toujours fidèle. »

Ce langage était digne d'être entendu. Peut-il être utile, en effet, de forcer à l'obéissance sans déterminer la conviction? Mais il paraît que la Mairie d'Agen était préoccupée de tout autres idées.

Il existe en administration un principe qui est que l'autorité doit toujours avoir raison; ce qui veut dire par conséquent que les citoyens doivent toujours avoir tort. On part de là pour juger la résistance des sociétaires qui se retranchent dans leur droit. Cet acte d'indépendance en paraît un de rebellion; il faut en triompher à tout prix. Mais on n'attaque pas les deux Sociétés récalcitrantes en même temps; ce serait trop d'affaires à la fois. On s'adresse d'abord au cercle des Amis du Roi. On entre dans des commérages d'intérieur; on connaît tous les détails de la délibération comme si on avait écouté aux portes : l'heure était inopportune, l'objet de la réunion n'avait pas été préalablement annoncé avec les formes requises par le Réglement; on a la certitude qu'une *bonne moitié* des membres inscrits n'y a pas concouru; on s'affecte pour les intérêts de la majorité qui ne doit pas souffrir *des déterminations que le vote de la minorité forcerait à adopter*. Bref, on demande une nouvelle convocation et une délibération nouvelle. Voici, au reste, la lettre de M. le Maire :

Agen, le 31 décembre 1832.

Messieurs, lorsque par ma lettre du 21 du courant, je vous invitais à me donner communication de la liste exacte des membres qui composent la réunion des amis du Roi, j'étais loin de penser que je pouvais m'exposer à un refus; si votre réponse, et avant elle, le bruit public sont venus me détromper (1). J'aime à me persuader que je ne dois pas considérer comme irrévocable la décision dont vous me transmettez le résultat.

Soit que l'heure de votre délibération fût inopportune, soit qu'elle n'eût pas été préalablement annoncée avec les formes requises par le réglement dont je vous remercie de m'avoir envoyé un exemplaire, j'ai la certitude qu'une *bonne moitié* des membres inscrits n'y a pas concouru; et comme la majorité, qui peut-être l'improuve, ne doit pas souffrir *des déterminations que le vote de la minorité me forcerait à adopter s'il était maintenu*, il me semble qu'il est nécessaire, ou tout au moins équitable de mettre cette majorité à même de s'expliquer, et c'est dans cet objet que je viens vous prier, Messieurs, de convoquer de nouveau à cet effet la société entière, pour le jour et l'heure qui vous paraîtront devoir le mieux convenir au plus grand nombre de ses membres.

J'ai compris qu'on avait agité dans votre première délibération la question de savoir si une réunion autorisée par le gouvernement pouvait être soumise à des conditions qui n'étaient pas textuellement écrites dans ses réglemens; permettez-moi de vous faire remarquer que ce n'est pas là ce que vous pouviez avoir à juger.

Votre réunion n'est pas en effet *autorisée par le gouvernement ainsi que l'exige l'article* 291 *du code pénal*; *elle ne doit son existence qu'à l'approbation incomplette et insuffisante de l'administration municipale*, *et à la* TOLÉRANCE *de cette administration*; il ne se peut donc agir que de savoir si, responsable moi seul d'une existence que la loi ne reconnaît pas, je n'ai pas le droit de vous imposer, comme condition de cette existence, une obligation qui certes ne saurait avoir rien de désobligeant, quoi qu'on ait pu dire, et que vous avez vous-mêmes consacrée par des précédens.

Vous me faites remarquer que la liste étant affichée dans l'une de vos salles, l'autorité peut aller l'y consulter; j'aurais cru et je croirais encore manquer aux égards que je suis jaloux d'observer envers vous en usant d'une telle faculté; je demande d'ailleurs une *liste officielle*,

---

(1) Nous n'avons pas besoin d'avertir le lecteur que nous copions exactement. Nous n'aurions garde d'altérer la pureté du texte.

et la signature de MM. les commissaires peut seule lui donner ce caractère.

Quelle que soit, au reste, la détermination de votre réunion, j'espère qu'elle trouvera dans ma démarche une preuve de mon estime *et de mon vif désir de lui être agréable.*

J'ai l'honneur d'être, avec une considération très-distinguée, etc.

Le maire de la ville d'Agen,

Comte de RAYMOND.

A MM. les Commissaires de la Société des Amis du Roi.

Par suite de cette lettre une assemblée générale est convoquée. Un membre propose la question préalable ; elle est rejetée. La Société est dominée par un seul sentiment, le besoin de sa conservation et le désir d'éviter une collision fâcheuse. Cette fois *la bonne moitié* de M. le Maire s'est manifestée : 66 défont l'œuvre de 79, en l'absence des opposans qui ne veulent pas prendre part au vote.

Ce succès en assure un autre. On écrit à la Société des Amis de l'Ordre. La lettre, plus convenable dans les formes, est plus explicite encore quant à la prétention. La voici :

Agen, le 7 janvier 1833.

Messieurs, la demande que j'ai eu l'honneur de vous faire le 21 décembre dernier, et à laquelle vous avez cru ne devoir pas acquiescer, a été mal interprétée : il n'est question d'aucun empiètement sur vos droits, mais seulement de l'exécution d'une mesure qui m'est commandée dans l'accomplissement de mes devoirs ; elle s'est déjà reproduite dans bien des circonstances, *et elle doit, de temps en temps, avoir son effet.*

Votre société n'est pas régulièrement autorisée, elle est simplement tolérée sous ma surveillance et ma responsabilité. Je dois donc connaître vos réglemens et *avoir le nom des membres qui la forment.*

Comme ces réglemens peuvent changer, et le *personnel éprouver des mutations*, l'administration doit, à certaines époques, *prendre sur ces deux objets les renseignemens qui lui paraissent convenables*. C'est dans ce simple but que ma lettre, mal entendue, vous a été écrite. Comme l'ignorance de ces motifs a pu occasioner la réponse négative que j'ai reçue, je me fais un devoir de vous les faire connaître, vous engageant à les méditer. J'espère que vous les jugerez suffisans *pour revenir sur votre délibération*.

J'ai l'honneur, etc.

Le Maire de la ville d'Agen, Comte de RAYMOND.

A MM. les Membres de la Société des Amis du Roi.

En conséquence une assemblée générale a lieu, et la réponse suivante est votée au scrutin secret. Elle nous dispense d'entrer dans aucun détail sur la délibération.

Agen, le 13 Janvier 1833.

Monsieur le Maire,

« La Société des Amis de l'Ordre s'est réunie en assemblée générale » pour délibérer sur l'objet contenu dans votre lettre du 7 du courant. » Sans entrer dans aucun examen des principes et des prétentions ex- » primés dans ladite lettre, cédant *uniquement* au sentiment de sa con- » servation, et dans le but d'éviter une collision fâcheuse avec l'autorité, » elle a décidé qu'il vous serait envoyé la liste nominative de ses mem- » bres, dont vous lui faites la demande itérative. En conséquence, » vous la trouverez ci-jointe.

« Nous avons l'honneur, etc. »

Certes la pensée est assez claire. La Société a jugé la question par sa délibération précédente. Elle ne veut pas *revenir sur cette délibération*, comme le lui demande M. le Maire, ni admettre comme *un droit* ce qu'elle qualifie au contraire de *prétention*. Cette fois elle vote uniquement sous l'influence du fait. Elle se pose en face d'une autorité qui menace d'être violente, et elle cède sans rien compromettre sur les principes.

A la Société des Amis du Roi grand est l'embarras. Les Commissaires ne peuvent s'entendre sur la rédaction d'une lettre d'envoi. Par une transaction de *juste-milieu* on finit par décider qu'il ne sera pas écrit, et que la liste sera remise de la main à la main, ce qui a eu lieu en effet.

On peut donc considérer le débat comme terminé sur le fait et pour cette fois. Mais le fait ne décide pas le droit. Il reste d'un côté une prétention émise, de l'autre des réserves faites; ce n'est pas un procès jugé, mais un procès à instruire. Nous allons présenter les moyens qui, selon nous, doivent en déterminer la solution.

---

§ II. — *Sur l'application de l'article* 291 *du code pénal.*

Comment a-t-il pu venir dans la pensée d'une administration dont nous ne contestons pas la loyauté de faire, au milieu de la population la plus paisible qui fut jamais, l'application de l'art. 291 du Code pénal, et cela sans but, sans prétexte raisonnable et surtout sans profit pour le pouvoir? Nos magistrats municipaux ignorent-ils que la voix universelle de la nation a proclamé l'abrogation de cette disposition incompatible avec toute espèce de liberté; que la France entière veut cette abrogation; que le jury, surmontant les entraves que son institution lui oppose, se porte jusqu'à une illégalité pour la déclarer? Ne voient-ils pas que le gouvernement lui-même n'ose plus s'en servir, si ce n'est dans des cas très-rares, lorsque l'ordre public est notoirement en péril, et que la nécessité est, pour ainsi dire, son excuse, en l'absence de toute législation régulière?

Mais, si l'administration municipale voulait ressusciter cette lettre morte, au moins devait-elle la connaître assez pour ne pas en faire une application fausse et ridicule, et c'est pourtant ce qu'elle a fait.

L'art. 291 du Code pénal assujettit à l'autorisation préalable du gouvernement « toute association de » plus de vingt personnes, dont le but sera de se » réunir tous les jours, ou à certains jours marqués, » pour s'occuper d'objets religieux, littéraires, po- » litiques ou autres.... » Ainsi, il faut que l'association ait un but; que ce but soit *de se réunir pour s'occuper d'objets religieux, littéraires, politiques, etc.;* c'est-à-dire qu'il faut que la Société s'occupe *collectivement* de religion, de littérature, de politique, etc., comme font les Académies, les Sociétés d'Agriculture, les Sociétés Politiques : *Société des Amis du Peuple*, *Société Saint-Simonnienne*, *Société Biblique*, *Société de la Morale Chrétienne*, *Société pour la Propagation de l'Enseignement élémentaire*, *Association pour la liberté de la presse*, *etc.*, *etc.* Dans tous ces cas le gouvernement peut dire qu'il a intérêt; parce que, par leurs affiliations, par leurs correspondances, par leurs délibérations sur des objets intéressant la société en général, ces associations peuvent exercer sur l'ordre intérieur une influence bonne ou mauvaise, mais toujours étendue. Assurément nous ne disons pas que même à ces sociétés il faille appliquer le principe *préventif* de l'autorisation préalable, mais nous soutenons que, l'art. 291 étant donné, ce n'est qu'à ces sociétés qu'il est possible de l'appliquer.

Mais vouloir en faire l'application à ces réunions

sans but et sans objet spécial que l'esprit de sociabilité inhérent à notre nature a seul créées comme une manière d'être, une des formes de la société, voilà ce qui passe toute raison ; car c'est mettre en interdit l'homme lui-même. Pour si ombrageux que fût le législateur de 1810 qui fondait, dans un code de fer, un gouvernement absolu, ce ne fut certainement pas là sa pensée. Il voulut seulement proscrire la libre organisation des forces morales s'exerçant collectivevent sur un même objet. Il ne voulut partout, en politique, en morale, en religion, que des individualités. Tel est évidemment le caractère de la mesure : « Le droit absolu et indéfini, disait l'orateur du » gouvernement, qu'aurait la multitude *de se réunir* » *pour traiter d'affaires politiques, religieuses*, OU AUTRES » DE CETTE NATURE, *serait incompatible avec notre état* » *politique actuel.* »

Mais les hommes de cette époque, grands jusque dans leur despotisme, n'avaient pas ces vues étroites et mesquines de ceux qui vivent aujourd'hui de leurs traditions. Certes on aurait bien ri de pitié dans le Conseil d'état, si un maire s'était rencontré assez débonnaire pour demander l'autorisation du gouvernement afin qu'on pût jouer au piquet dans la rue Garonne, ou au loto dans la rue Bezat. C'est justement ce que nous voyons aujourd'hui.

« *Votre réunion*, dit M. le Maire à la Société des » Amis du Roi, *n'est pas autorisée par le gouvernement,* » *ainsi que l'exige l'art.* 291 *du code pénal.* » Ainsi cette pauvre société *Biot*, où l'on se réunit pour ne s'occuper de rien, et où, Dieu merci, on se montre plus qu'ailleurs fidèle au programme, la voilà obligée de postuler auprès de MM. les ministres l'approbation de son réglement, *Charte-vérité* de l'annuel et du prix des cartes ; et lorque par hasard quelque esprit sublime aura proposé quelque amélioration fille du temps et de l'expérience sur la partie de billard ou le prix du verre d'eau sucrée, il faudra encore recourir au contre-seing ministériel. On verra

Le conseil mettre aux voix cette affaire importante.

En vérité, l'odieux disparaît ici sous les traits du ridicule.

Nous ne sommes pas autorisés par le gouvernement ! Quel est donc notre état, si du moins nous sommes assez heureux pour en avoir un? M. le Maire va nous l'apprendre : La Société « *ne doit son » existence qu'à l'approbation incomplette et insuffisante » de l'administration municipale, et à la* TOLÉRANCE » *de cette administration*..... »

« *Votre société*, dit-il aux Amis de l'Ordre, *n'est » pas régulièrement autorisée. Elle est* SIMPLEMENT » TOLÉRÉE, *sous ma surveillance et ma responsabilité*.... »

Ainsi, nous qui croyions être sortis viables de l'enfantement administratif, nous pétris des mains de l'autorité, et qui avons reçu le baptême de son adoption, nous n'avons aucune existence reconnue ; seulement on nous laisse vivre.

Et voyez un peu, je vous prie, où tout cela nous conduit. Les sociétés autorisées par le gouvernement sont placées sous la protection de leur réglement. C'est bien ce que disait l'orateur du gouvernement en ces termes : « C'est alors qu'*en cas d'in- » fraction*, ces associations pourront être dissoutes. » Mais pour les sociétés approuvées par l'autorité municipale, c'est bien différent. Il ne peut pas être question de savoir si elles ne peuvent être soumises qu'à des conditions écrites dans leur réglement. (Lettre de M. le Maire aux Amis du Roi.) « Il ne » se peut agir que de savoir, dit très-élégamment » M. le Maire , si , responsable moi seul d'une exis- » tence que la loi ne reconnaît pas, je n'ai pas le » droit de vous imposer , comme condition de cette » existence, une obligation qui certes ne saurait » avoir rien de désobligeant , quoi qu'on ait pu » dire..... » Ici, libre carrière à l'Autorité , après comme avant l'autorisation ; aujourd'hui telle condition, demain telle autre. Pas d'autre règle que le caprice. C'est le beau idéal de l'arbitraire.

Mais qu'il me soit permis d'adresser une question à M. le Maire. Si les sociétés dont il s'agit ne peuvent exister légalement qu'avec l'autorisation du gouvernement, quel droit a-t-il , lui , pour les tolérer? Quelle est sa qualité pour cela? Où puise-t-il le principe de cette puissance supérieure aux lois qui donne l'être à ce qui n'existera qu'en contravention avec elles, et s'interpose entre le gouvernement dont les prérogatives sont violées et les citoyens coupables de cette violation ? Il ne peut y avoir lieu à tolérance que de la part de celui qui a le droit, et M. le Maire reconnaît lui-même que le droit n'existe pas dans sa personne.

On croira peut-être avoir répondu en disant : Le gouvernement ne peut ignorer cet état de choses, et, dès qu'il ne s'y oppose pas , il le permet. Oui sans doute , et c'est ce que nous ne manquerions pas de répondre nous-mêmes si nous reconnaissions que l'autorisation du gouvernement nous fût nécessaire. Noûs nous prévaudrions alors de cette haute tolérance, en la rapportant au pouvoir à qui nous en devrions le bienfait. Mais dans ce cas non plus nous n'aurions pas à compter avec M. le Maire, chargé uniquement de la police municipale, de la répression des contraventions et des actes flagrants, mais tout-à-fait inhabile à s'ingérer dans la question vitale du droit et des conditions de notre existence.

Pour admettre cette intervention de M. le Maire, il faudrait supposer qu'il existerait entre le gouvernement et lui un pacte tacite d'après lequel nous lui serions livrés et abandonnés à merci et discrétion, pour être gouvernés, administrés, réglementés, surveillés, nombrés, tolérés ou réprouvés, suivant sa volonté et son bon plaisir.

Ce serait, il faut en convenir, quelque chose de monstrueux qu'un pouvoir semblable, et nous sommes bien pardonnables de ne pas vouloir nous y soumettre volontairement. Quant à nous, l'incompétence de M. le Maire nous paraît visiblement démontrée.

Mais que dirons-nous d'un autre point à l'égard duquel M. le Maire n'hésite pas non plus à s'attribuer force et puissance : le droit de prononcer la dissolution de la société qui aurait l'audace de résister à ses ordres suprêmes. La menace s'en trouve clairement exprimée dans sa lettre à la Société des Amis du Roi. Ce mot terrible de dissolution a été d'ailleurs assez souvent prononcé dans le cours de nos débats. C'était l'argument décisif, l'*ultima ratio* des défenseurs de l'autorité, l'effroi perpétuel des faibles et des timides. Eh! bien, nous contestons encore cette prétention.

Si le droit de prononcer la dissolution appartenait à l'autorité administrative, ce ne pourrait jamais être au maire qui, encore une fois, n'est chargé que de la police municipale ; ce serait au Préfet qui représente le gouvernement. Mais, soit Maire, soit Préfet, le droit de dissoudre n'est au pouvoir ni de l'un ni de l'autre.

En effet, la dissolution d'une société ne pourrait être prononcée que parce qu'elle constituerait une association non autorisée, avec tous les caractères énoncés dans l'art. 291 du code pénal : or, comme ce fait serait un délit, et que la dissolution de la société n'en pourrait être que la conséquence, il faudrait toujours commencer par faire constater le délit en jugement, par le tribunal compétent, c'est-à-dire par le jury. Jusque là, l'action administrative ne pourrait s'exercer. Bien plus, la dissolution ne pourrait être prononcée que par la cour d'assises elle-même, car elle est prononcée à titre de peine par l'art. 292 du code pénal. Aussi voyez comment on a procédé dans la cause des *Saints-Simoniens*, et plus récemment encore dans celle des *Amis du Peuple*. On a posé au jury la question même de l'existence de la Société, avec toutes les circonstances et la moralité du fait, et c'est sur sa déclaration affirmative que la Cour a déclaré, par jugement, la Société dissoute.

Or, c'est un principe reconnu par tous les jurisconsultes, que, quand le pouvoir judiciaire a la compétence, le pouvoir administratif ne l'a pas. Cela résulte comme conséquence et comme garantie de la division des pouvoirs. Si, dans la circonstance que nous venons de rappeler, la Cour d'assises de Paris avait empiété sur l'autorité administrative, cet excès de pouvoir aurait été promptement réprimé; le gouvernement n'aurait pas manqué de faire annuller son arrêt par la Cour de cassation.

Il faut donc conclure de son silence, et, bien mieux encore, de sa coopération, car il était lié à la poursuite par ses officiers du parquet, que le gouvernement reconnaît que la question est toute judiciaire, et qu'il n'a nullement la prétention de ravir aux citoyens cette précieuse garantie qui résulte d'un jugement par jurés, en les livrant sans défense au discrétionnaire administratif.

Donc, si le Maire d'Agen avait pris un arrêté prononçant la dissolution des Sociétés, cet acte aurait été souverainement illégal, et on n'aurait pas dû y déférer.

On avait bien dans le Conseil de M. le Maire quelque idée que cela pouvait être ainsi ; car on en était inquiet, on ne dissimulait pas même ses appréhensions à cet égard; ce qui était tout à la fois le plus éclatant hommage à la justice du pays, et la critique la plus forte de la mesure que l'on était dans l'intention de prendre.

Ainsi l'autorité municipale se trouvait acculée à une difficulté sans issue. Une fausse assimilation déduite d'une fausse interprétation de la loi l'avait conduite à un faux système qui allait enfanter une mesure violente que l'on n'aurait pu soutenir avec honneur. La prudence et la modération des citoyens l'ont seules sauvée des périls de cette situation difficile.

---

§ III. — *Du Droit d'association, comme conséquence de la révolution de Juillet.*

Après avoir rétabli par une saine appréciation les règles du droit d'association sous l'empire du Code pénal de 1810, il faudrait exposer maintenant ce que devrait être ce droit depuis la Révolution et la Charte de 1830. Mais, nous l'avouons, cette tâche est au-dessus de nos forces ; et dans un écrit composé comme celui-ci au pas de course, il serait imprudent et téméraire de s'y engager.

Toutefois, si nous ne pouvons indiquer ce qui devrait être, il nous paraît facile au moins de dire ce qui ne devrait pas être.

Ainsi il nous semble que si l'on juge qu'il y a matière à faire une loi, il faudrait avant tout éviter ce vague des définitions qui, dans l'art. 291 du Code pénal, a donné lieu à une confusion d'idées que l'on ne peut pas uniquement imputer à ceux qui ont été chargés de l'appliquer. Il faudrait distinguer bien nettement les simples réunions de Société d'avec les Associations ayant un but déterminé, opérant une œuvre commune. Toutes les fois qu'il y a *réunion*, il n'y a pas pour cela *Association* ; tout lieu d'assemblée n'est pas une salle des séances. Dans la ville d'Agen, par exemple, plus de 500 citoyens, chefs de famille pour la plupart, à peu près tout ce qui a existence sociale, état ou industrie, sont réunis dans diverses Sociétés. Est-ce à dire qu'il y ait à Agen une seule Association politique ? Non sans doute ; nous ne connaissons à Agen qu'une seule véritable Association, la Société d'Agriculture, Sciences et Arts qui est assurément sans malice. Tout le reste, c'est la société, le produit naturel et progressif de la civilisation qui fait que les mêmes hommes qui jadis se livraient à d'abominables orgies dans un cabaret, ne se trouvent aujourd'hui décemment placés que dans un salon, où une fréquentation réciproque établit entr'eux des rapports mutuels de confiance, d'amitié, de secours, qui passant ensuite dans les habitudes de la vie, y introduisent cette politesse de mœurs et cette dignité morale dont on aperçoit tous les jours l'avancement plus marqué.

Législateurs, si vous croyez que la chose soit même du domaine des lois, décrétez donc une fois pour toutes la société, afin qu'elle n'ait plus à subir ces étranges contestations d'état contre le pouvoir qui voudrait arbitrairement l'asservir.

Ce n'est pas que nous veuillions prétendre que les hommes ainsi réunis en société échappent à l'action des lois, et à la surveillance des pouvoirs publics. Mais qu'ils y soient soumis ensemble comme ils le sont séparément, réunis comme isolés; c'est-à-dire uniquement à raison de leurs actes, nullement à raison de leurs personnes et du simple fait de leur réunion : Voilà la thèse que nous soutenons.

Ainsi disparaîtront toutes ces précautions odieuses qui ne sont que d'injurieuses défiances, ces investigations personnelles, ces surveillances préventives, qui nous tiennent à la gêne, et, sous le règne de la liberté, nous font constamment sentir les liens de la dépendance.

C'est là précisément ce que nous aurions voulu que notre administration municipale eût bien compris; théorie parfaitement d'accord même avec la loi actuellement existante, si on l'avait bien et libéralement interprétée.

Quant aux associations politiques ou morales, telles que nous en avons fixé plus haut les véritables caractères, nous réclamons aussi pour les réunions des citoyens qui les composent une liberté qui fait partie de la liberté personnelle de chacun d'eux. Cette liberté d'ensemble est intimement comprise dans la liberté individuelle elle-même. L'homme ne peut rien faire tout seul. Les grandes améliorations, les progrès remarquables, ne sont guère le fruit que des efforts communs de plusieurs hommes. Laissez-les donc se réunir librement, et doubler leurs forces en les unissant.

Sans doute tout ne doit pas être permis. Il faut des lois qui répriment les abus; mais pas de ces lois préventives qui supposent le délit avant qu'il ne soit commis; et qui, étouffant la pensée dans son germe, enlèvent la liberté du bien comme du mal.

La nécessité de l'autorisation préalable est une de ces mesures préventives. Ce fut là, et ce devait être, le système politique de l'empire. Aujourd'hui, à tous liberté d'action, sauf à répondre de l'abus devant la loi, ce doit être celui de la France libre.

Déjà nous avons affranchi la presse des entraves que lui imposait aussi un régime préventif. Désormais plus d'autorisation préalable, plus de censure. La presse est libre maintenant, sous des lois répressives, devant la justice du pays. Nous avons gagné un immense procès pour l'ordre des juridictions, seule garantie efficace de la liberté individuelle. Nous plaidons en ce moment pour la liberté des théâtres, car, lorsqu'une liberté est en cause, tous les citoyens sont parties dans le procès ; plaidons donc aussi, puisqu'il le faut, pour la liberté d'association, afin qu'elle suive le progrès de toutes les autres.

Dans cette noble lutte que soutient la raison humaine contre un pouvoir qui n'a peut-être pas de plus grand défaut que celui de la peur, posons bien nettement les limites de nos prétentions, afin de lui donner, s'il est possible, la confiance dont il est dépourvu : Substitution partout du système répressif au système préventif, voilà ce que nous demandons. C'est en cela uniquement que consiste la liberté; autrement il n'y en a que l'ombre.

Puisse l'avenir se montrer moins rebelle que le présent à des vœux si légitimes !

CONCLUSION.

La mesure prise par M. le Maire d'Agen était de nature à provoquer un grave examen; nous n'avons pas hésité à nous y livrer. Le gouvernement sous lequel nous vivons est essentiellement un gouvernement de discussion. Dès qu'une question se présente il faut la résoudre.

Je ne me dissimule pas cependant que plusieurs personnes trouveront inopportune une publication qui vient après un fait accompli. Ces personnes ne font pas attention sans doute que la prétention subsiste, et que dès-lors le droit reste encore en litige.

Plusieurs autres objections me seront faites. On dira que la chose n'en valait pas la peine; que cela s'était fait autrefois. Aucun des précédens invoqués par M. le Maire n'a eu lieu depuis la révolution de juillet, et cela suffit pour les rendre absolument sans valeur; outre que tous les précédens du monde ne seraient rien dans une question semblable. A ceux qui témoignent tant d'indifférence en matière de liberté, je leur remettrai sous les yeux ce passage de la lettre du Maire à la Société des Amis de l'Ordre : « Comme les réglemens peuvent changer, *et le per-*

» *sonnel éprouver des mutations*, l'administration doit » *à certaines époques, prendre, sur ces deux objets*, » LES RENSEIGNEMENS QUI LUI PARAISSENT CONVE- » NABLES. » Ainsi, il ne s'agit pas d'un fait transitoire et qui ne doive plus se représenter, mais d'une surveillance organisée et permanente envers les personnes. S'il y a des hommes à qui il convienne de s'accommoder d'un état de choses aussi blessant pour leur dignité personnelle, il ne me coûte rien de déclarer que je ne suis pas de ce nombre.

Enfin j'ai entendu dire que ce n'était là qu'une question de politesse et de convenance, puisqu'on ne contestait pas à l'Administration le droit de venir consulter la liste affichée dans la salle de la Société. A ces termes, je dis qu'il fallait encore contester. En effet, que l'autorité fût venue chez nous prendre la liste des Sociétaires, je ne sais pas de qui l'honneur aurait été le plus compromis de l'autorité ou de nous ; en lui envoyant au contraire cette liste, je sais que la question n'est pas douteuse. Il y a plus ici que point d'honneur et querelle d'amour-propre : il y a question d'existence morale sur laquelle on ne transige jamais.

Chacun est soumis à la surveillance de la police, et pour mon compte je déclare que je ne m'en tiens pas pour offensé. Mais le droit du citoyen à cet égard est de laisser faire. Son devoir consiste, comme disent les jurisconsultes, *in patiendo*. Qu'on lui demande au contraire de se vouer lui-même à l'accomplissement d'une mesure humiliante de police qui l'atteint injustement, il se renferme dans sa dignité et ne subit pas volontairement un affront. Voilà la question telle que je l'ai conçue.

Mais il y a encore autre chose : c'est cet attentat grave contre la liberté, ce sceau de dépendance que l'on veut imprimer sur notre front, alors que nous nous en croyions affranchis.

Voilà ce qui a justement ému tant d'honorables citoyens qui, cédant par condescendance à un acte qu'ils blâmaient unanimement, ont cependant fait entendre à l'autorité l'expression d'un mécontentement qui a dû troubler la joie du triomphe.

Je sais, au reste, qu'il faut savoir prendre son parti sur une chose faite, et ce n'est pas le désir de récriminer qui m'a mis la plume à la main. Je me fais même un devoir de reconnaître que l'autorité ne savait pas probablement où elle s'engageait au début d'une démarche aussi hasardeuse. Elle a commencé par faire de l'arbitraire sans le savoir ; mais elle a eu tort d'insister après discussion et en connaissance de cause, et de vouloir faire de la force aux dépens de la raison.

Mais aujourd'hui qu'elle nous laisse sous le coup d'une menace de récidiver à l'avenir, notre devoir est de la braver, et le sien de réfléchir mûrement avant que de l'exécuter. Désormais l'excuse de sa bonne foi lui manquerait ; et elle doit savoir que ce ne serait plus que devant le jury que se viderait, d'une manière solennelle, ce débat renouvelé. Cela suffit pour lui faire prévoir d'avance quel en serait le résultat.

Nous croyons pouvoir prédire avec assurance qu'elle ne s'y exposera pas.

BAZE, avocat,

Membre du cercle des Amis du Roi et de celui des Amis de l'Ordre.

www.ingramcontent.com/pod-product-compliance
Ingram Content Group UK Ltd.
Pitfield, Milton Keynes, MK11 3LW, UK
UKHW020547230726
13925UKWH00006B/2444